Уређује
Новица Тадић

Ликовна опрема
Добрило М. Николић

На корицама
Kete Kolvich, „Цртежи и графике"

знакови поред пута

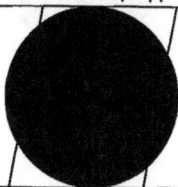

Анђелко Анушић

КРСТ ОД ЛЕДА

песме

Рад | Београд
| 2000

Што је било то је сада, и што ће бити то је већ било; јер Бог повраћа што је прошло;

И тако, сине мој, чувај се онога што је преко овога, јер нема краја састављању многих књига, и много читање умор је тијелу;

Књига проповједникова, гл. 3. и гл. 12.

Нама нема спаса,
ал' пропасти нећемо!

Српска изрека

Певање ūрво / КРДО

селили кад смо се (ако смо?!)
да л' бејасмо крдо,
што Аркадију заобиђе
и попе се на Брдо,

где чучи тешки облак,
муњин брат,
столују нâр и чичак,
а послује тàт;

кад смо кретали, неко је шануо:
на запад ил' на север,
ни слутили нисмо да је то био Ахасвер
наш Двојник, што сад само сече,
ал' не мери,
црну попудбину на равне чести,
по вери;

„*нама нема спаса, ал' пропасти нећемо*",
пева невидљиви појац, док крећемо

на Крстопуће, у предграђе влаге и смрти,
једни на Запад, други на Север,
у земљу Трећих петлова, у земљицу Невер
где седи врач у врбову кору, цар Невер
и Неверићи,

којима се уши шиље на јавку:
аз-буки-вједи, ић-ићи;

Певање треће / КРЕТАЊЕ У КРУГ

док идемо на Запад
ил' на Север,
наше стопе окренуте унатрашке, југоистоку,
срећемо,

лош знак – крститељ Ахасвер
на нашем путу – у круг се
крећемо;

а на југоистоку, грожђе у леду,
иње на песниковим сиглама;
на северозападу мрест липња и листопада,
теледиригована зима;

у земљици црној или Књигама –
где нас више има?

„ој Србијо међу иловачом
и међу књигама",
пева општи појац, слепац са интернета,
што не зна шта је синкопа,
сећање и сета;

и не хаје за венцима на Горњим Њивама;
а појац је данас свако – мољац са глобалне мреже
што *аз* и *буки* реже, па виноград смрти веже;

што у уху и оку копа општу раку,
морфијум у рану бризга и лепи силикон траку;

а на Западу, ах на Западу, сад наши атоми
хране коров и касне траве,
где рокћу клониране свиње
и пасу костимиране краве;

Певање четврто / СЕОБНИЧКА ТУЖАЉКА СА ДОЊЕГ СВЕТА

како је сад самотном раслињу
што режи са утрине,
док гута наше протеине;

како је љубичици – минђуши у
Створитељевом уху,
мртви наши гласови док јој
цвиле у слуху;

стреса ли се од тога Господ
док спава,
сном који је наша јава;

како је кукуреку, како вреску, глогу,
док из нашег колена пије воду;

пати ли зова, да ли је боли
минерал наше неисплакане соли;

воденој Еринији са наших река –
како је принцези врби,
да ли се под нашим телима јоште грби;

тỹжи ли смиље, вене ли невен,
пелин лѝ гȍрча,
док изнад нас, мртвих, виси омча;

Певање пето / ОПЕЛО ЗА ОД БОГА ЗАБОРАВЉЕНЕ И ВЕТРОМ РАСЕЈАНЕ

сад спавајте моји мртви
под венцем драча, у глог-цркви;

сви преварени, отерани, издани, продани,
ви што Богу и цару, фукари и иноверцу
бесте одани;

опустите се ташти, одрођени,
пали у скоку
с брвна у братовом оку;

не тýжите одважни, витки,
у своме селу давни пророци –
мртва стража је тамо – Граничари и Ускоци;

сад мирно сневајте одбачени и заборављени,
ви у слаткој пени заблуда удављени;

и ви наивни и невини, слепи јеванђелисти,
не тýжите – под круном чкаља сви су исти;

Певање шесто / МИЉЕНИЦИ АХАСВЕРА И БЕЛЕТРЕ

од Књига нам се сад не виде гробови,
црни тисак
прекрио је наше кости,
глинени врисак;

Молитве, Требници, Житија, Повеснице,
                                    Родослови,
Сказанија, Летописи, Зборници...
трактати на метре –
худи миљеници Ахасвера и Белетре,

које не држи место – полен у ветар,
ал' књижевни метар мера нам свију ствари,
игла у етар;

све смо измерили, пошљедњу уру и клатно,
ал' кретање у круг оста недохватно;

Певање седмо / КЊИГЕ САБИРАЊА И ОДУЗИМАЊА

од Књига нам се сад
не разазнају трагови ни гробови,
црни тисак
прекрио је наше кости и пуста станишта,
глинени врисак;

у црном снегу слова дуго ли смо лежали,
кад смо кретали на север, северозапад,
да ли смо се селили или, заправо, бежали;

ако смо се селили, зашто ко дивље пчеле,
строго у једном смеру,
ка небеском мирогоју, косовскоме скверу;

а на земљицу где смо пали
и скитом је прелили,
на племена, староседиоце и погорелце,
на стране света и реке –
зашто су нас делили;

Прекодринци, Прекосавци, Домороци,
Западни дошљаци,
Власи са Миљацке и Неретве, Сане и Врбаса,
са Цетине, Косовчице, Уне и Купе – Рачани, Раци;

јесмо ли народ, Србљи, целина,
православна трмка с Божијим предузећем,
ил' биолошки каламбур у фисији,
са отпадом и смећем;

ако смо бежали пред силом –
чадорлије, крсташи, лупеж из првог колена,
балкански апачи,
да ли је јачи – увек био јачи;

зар тла̏ка да надгорња икону, завет,
жртву и ктит –
Жичу са Истока, на северозападу Крку, штит
Господње војске у долини губе
где се скот и нишчи преко ножа љубе;

зар на кућном прагу правити Хиландар,
Љевишку, Дечане, Пећку, Девич, Студеницу,
нашег бића *аз;*
зар Милешеву, Гомирје и Грачаницу, Рмаљ,
                                          Лепавину...
у црни мираз,
белог Анхела на клањајући одар;

у црном снегу слова дуго ли смо лежали,
кад смо кретали на север, северозапад,
да ли смо се селили или, заправо, бежали;

под сваким каменом по једна стопа лежи,
ко једном бежи, увек бежи;

Тапије и Уговори – знамења жића
и стидног умирања,
Књиге наших сабирања и одузимања;

у којима нас је више,
где нам је „*корен, стабло, а шта паветина*",
у земљишним Књигама да л' нас јоште има;

а њих ко се држи, ко је ту рисан,
ни из Божијег Либра није брисан;

15

Певање осмо / ШТИХ-ПРОБА САМОУНИШТЕЊА

ни из Божијег Либра није брисан
ко је у Њиву, Звоник, у Жену писан;

а како смо се (у)писали у овај тролист –
прстом по песку:
Њиву смо дали у закуп ровцу,
ладолежу и црном вреску;

Звоник трампили за жлицу масти
и трубу црева,
сад кроз нас дува крмећи ветар
и светска врева;

а Жену, ах Жену смо у песму и
свилу крунили,
ал' Брдо и Удољ нисмо пунили
дечијим плачем, јавком анђела,
Вишњег творак,
други су сребрне метке лили,
а ми ћорак;

сад празно јечи наша Удољ, нéмча Брдо,
ми више нисмо ни оно крдо,

без репа и рога, а без Бога;
нас канда нема више, наша штих-проба

самоуништења цури кô песак са прсле вене,
без Грунта, Цркве и без Жене

немају шансе скити са Запада и Севера,
у земљици-укољици цара Невера;

Певање девето / ЛЕКТИРА
СА ОБА СВЕТА

остати или отићи –
две најскупље речи
у скитском језику из кога пелин јечи;

остати или отићи –
царству коме се дати,
ломи се (не)верни, мудрује пробисвет,
српство се клати,

на страшном сату
што куца у оба смера,
прошлост-безвременост, између празнина –
вечност са севера;

остати или отићи –
лектира са оба света;
чита је лукави и јуродиви,
грешан и блажени – усна одузета
речима урокљивим;

боље би било да се из матере нисмо ни испилили,
него што смо се прекодринили;

боље би било да смо се у Ситници удавили,
него што смо се прекосавили;

а тек кад смо прекосовили,
тад смо се засвагда повили

под завежљајем Ахасвера, ка црној земљици,
и сад нас је највише у гомољци,

у папратовој клици, где трпимо биљну кнуту,
хлорофилно робље на северозападном путу;

Прекосовић, Прекодринац, Прекосавац,
који је речни правац

требало форсирати да избегнемо
што се избећи није дало,
и зар је мало
оно што смо дали води и огњу, Јагњету и Вуку,

ми који нисмо ни прст у рану,
а други су руку;

и опет смо на точку, на стени, на ломачи,
на светској тараби;
и опет на путу ветру и Бараби;

аој, авај, леле, куку, ој...
„не бој се, народићу мој",
молствује са фреске, из житија,
шушори из папрати, из змијских јагода,
шапуће са крајпуташа;

ни преверица, ни среброљуб, ни жбир,
ни крсташ, ни цар ни паша –

та кукута на земном сону,
не могу ништа мени доље, мом атому,
што цара твоју фисију вишњим жишком,
и ти сад сјајиш светлошћу Књишком

од које гори Божија кугла, и сама Рука
што је онај Виноград засадила за Јагње и Вука

борба твоја непрестана – Неба и Земље
епски је бој,
„не бој се, народићу мој";
зрно које угине даће плода,
живот – твој даљњи рођак је,
а смрт ближег рода;

јати се на те гурило и дурило,
крпеж и крпило,
а не знају да је твоје трпило
брусио мајстор над мајсторима, монах Стрпило,
                                        праотац
што је предсказао твој кружни правац

19

преко река, на север, северозапад, у дивљем јату,
без попудбине, за небеску плату;

на оном Божур-пољу-почину
где се живот стврднуо у со очињу
и гавраново гласање за Творца је пој,
„не бој се, народићу мој“:

већ је било што бити не може
побећи се не може из твоје коже,

скројене по мери Јагњета и Вука;
у Бога су вунене ноге, ал' гвоздена рука

коју слави твоја Књига, јеванђеље по
                                    воштаници,
ал' нема ко да га чита у општој молчаници,

где се уздржава од речи, таштине сврабом
и ћути у страху пред Барабом –

домаћим Мидасом, што дише
на златан трбух, шишти на сребрне вилице,
и ждере Логос, језике и писмена, душине
                                    жилице

чупа из Језгре и Омотача,
из срца Атома где празнина веје,
чупа, кад ишчупано све је

из колена, из корова, из Храста и Липе,
из општег празглоба;

ишчашење је стара зипка у којој Расуло и
                                    Деоба
дадиљају твоју децу уз скаску о штапу
који не отвара изворе у каменом слапу

већ враћа на Почетак одакле сте дошли,
у Прву Стопу која познаје све стране света
свезнадарка,
путева земаљских, твоја барка

у коју је стало све: и вук и вучија со,
и дрво и чавли за Велики Петак
„*не бој се, народићу мој*“, кад све ишчезне
остаће часни Почетак;

Певање дванаесто / ШТАПОРОГ И ОВНОУМ

на Брдо се попесмо где столују
чичак и на̂р, а послује та̂т;
кад се „*йомешају стадо и шта̄й*"

шта бива о̇нда, укрштај ка̇кав се згоди,
Штапорог или Овноум – ко води

у Ја̇дију, у Страдију, у Фармадију
где Укрштени за руковет вуне и жлицу мрса
прихрањује овчадију

травком-дурашицом, детелином-масовчицом
са три листа, кореном немуштка
храном за крдо;

шкопљење јарчади и стрижење оваца –
по том се уписало наше Брдо;

Певање тринаесто / ПРИЧА
О ШТАПУ-АМЕБИ И СТАДУ
СА ЦРНИМ ПРИШТОМ

на Брдо стасмо, Удољ погледасмо
глêдом са виших спратова;
на једно стадо малено више штапова

кад се згоди – шта бива онда,
ко је властан
да пропише пастирску догму, канон послушње,
ласкан

да врши добро дело роду,
у вољи да је Онога Који Јесте,
и кад је на земљици кланица, у души раздушје,
здесне

и слеве стране кад седи судњи косац
и његове водоноше;
штапова кад је колико рогова, добоше

тад прави свако, и распродаја је општа
авлијске јапије, труда и оцила, кућних суђаја,
а пастирски наук кошта

мање од јагњеће коже и шаке вучије соли,
три штапа по једној глави – како то митски
боли;

и зар може да има иједан двоноги зеков
уши за толико грлоња, зар неком

треба солити коме је пресољена
чинија крављег репка;
и зар треба више трошити ретка

на причу о штапу-амеби и
стаду са црним приштом
кад се поравнају Штапорог и Овноум,
тад запиши

да је укуцан и последњи ексер
за Велики Петак,
и да све слути на крај – Часни Почетак;

Певање четрнаесто / ПОЧУЈ, КАКО КМЕТСКИ ЈЕЧИМО

сад се прсимо с Брда, видимо даље од других,
невични да клечимо,
а почуј како кметски јечимо

тајно преобувени у туђе чизме,
оставив опанке пред напуштеним прагом,
из пизме

према својти, зазора према претку,
ината према себи;
ми би да смо своји, *„витки кȏ празна слама“*
а не би

у светској представи заиграли мало
у другом костиму, држећ’ се свога водвиља
знајућ’ да се до циља

не иде увек главном џадом
куд доиста победник граби,
већ пречице, замећућ трагове зверу и ветру
и оној Бараби;

Певање петнаесто / СРБИН КО ВОДА
ДА ЛИ НАЂЕ ПУТ

пиљимо с оног Брда у небески душогој,
где живи с прецима шећемо,
а почуј како кметски кевћемо

пуних трба, са плутом међ зубима;
трампили реч за шаку чварака са светским
                                        месарима,
с худима;

крволоцима што сваки пут мирно
скидају Христа са оног стрелишта,
и одлазе с курвама на глобалну мрежу,
                                        гледишта

своја да подастру стаду
што прежива светску траву,
јербо је паша добра за сваку главу

кажу ови Касапини, боља од неуронске чорбе;
дреждимо с оног Чичиковца, под дејством
                                        митске творбе

о суперстарости вучијег очњака
и магији Јагњетове крви;

ми или други – кô је дошао први
међ' глогиње и нар, са гмазом и уљезом
да делимо Брдо;
с глодарима и порезницима у Дољи да се отимљемо
о зрно пшенице и репин слад, кô да смо крдо

26

орно за пасиште, што не бира смера
не хајућ' за гроздопадицу са Југа, погорелицу са
Севера;

бољетицу што убија већ у пољупцу,
тешки метал у плодовој води;
колену нашем нигде уставе и јаза;
наши броди
ни на једној води;
потоп пева из наших читанки,
завежљаји из нашијех барки

вуку трупло у адску низију;
душа бунца јер нема визију
страшне јаве с православног Сплава,
тело једно – десетине глава;

свака шиљи своју раздор-мисо;
ћутô, певô ил' пелцовô мисô
на истом си: твоји гласи труње низ матицу
која носи Уну и Униште,
Дрину смрсла у језичку кратицу;

реч се спекла у словну крастицу,
осип шара твоје дично писмо,

бесмо л' слепи или живели нисмо;

место штапа тутнуше нам прут;
Србин кô вода да ли нађе пут

кроз плуто, кречњак, кроз глобални катран,
пробивши кристал, црну рупу, хватан

у мрачне формуле, у мреже, угљена сита, наш атом
барутна пахуља, елемент лаком

на ерос материје, оклоп за кнут:
Србин кô вода да ли нађе пут;

27

Певање шеснаесто / СРБИН
КАД ДУМА

Србин кô вода да ли нађе пут
кроз ружу раскршћа, пентаграмски круг;

кроз смолу севера, рудиште мржње у Невер
земљици
где копају тебе из тебе, у клици би
да те затру бели рудари, с чичком у реверу;

у свиње би твоју веру
протерали, па да рокћеш на светској ледини,
растрзан бесовима нишчег, и једини

био би клон на људској фарми,
хула Шестом дану, противтежа карми;

Србин кô вода да ли нађе пут
кроз сопствено вапно, скорбут

логореје – лишај на уму,
кроз честар мисли засађен на друму,

ког мрси ветар, а сече Бараба,
све што ти тајиш – обзнани тараба

братова ил' светска – иста је мета исто
растојање;
Србин кад дума – какво олакшање

за судије и фарисеје, за фишкале
што со твоју мере с лактом на кантару,
Ти си уздах Творчев, пројекат у квару

коме нема спаса, ал’ ипак се држи,
лишај или инат – ко ће бити бржи;

Певање седамнаесто / УЛИЧНО ПОСЛАНСТВО, САТАНИНОВ РЕСОР

лишај или инат – ко ће бити јачи
у глобалном метежу где Разбојник квачи

параграф главни и судијску тогу,
а порота гвири Руљи испод ногу;

инат или трава – ко ће бити горњи
на фарми где прасац један неодољив

рује историју, родословну башту толкује на рилу;
тебе гени ложе, хтео би на силу

да очиташ „*lesson*" оној финој свињи;
држи своју чашу, смири се, не кињи

квас у своме квасцу;
Ти си с братом својим сејô траву прасцу

ономад на гумну где истрага крену
пастирске догме, канона послушње, у свему

Ти си хтео бити *ориђинале*, „ameba filosofis",
а сад си сâм спрам Света, опис

твога гарда пуни књиге, рафе светске
тешчају од твоје епопеје, блеске

твоје славе слави инстант-песник,
ти си муза самом себи, притајени весник

уличног пролећа, врења цревне плазме
где се котрљају твоје жлезде, и без казне

твој бес и бука плаве оно цвеће
новог йоколења; тавно прамалеће

бубри у костима, риче из колена,
пена и зубни каменац нису она стена

на којој се зида вера у твоје божанство;
а и кад би могло, зар улично посланство –

Сатанинов ресор коме служе твоје гласне жице –
исцелити може народић онај од кокошије тмице;

чувено твоје улично посланство, Сатанинов ресор,
министарство клонираних фаца; престо

где спремају пуч твоје гласне жице и сва твоја лица
вриште стару ролу; Улица

је твоја црна отаџбина, пут за Лобањ-Брдо
или за Итаку;
све твоје богатство стало је у шаку;

липти низ тргове твоја јаловина,
јечи са Балкона антијектеније без Оца и Сина

и Духа Светога; литургија хуле
залеђује жиле; зебу атоми, мрзну молекуле

у седмом колену; жалости се душа
Оног што пострада од уличног муља; ког куша

демон с говорнице; грлене беснице
пробоше срце твоје; црновеснице

иду испред твога пада, шире ореол
барбарогенија; равнодушни на твоју бол

судују судије, умују фарисеји, одричу фишкали;
на твоју погибељ све су дали

они што припремају уличне кулисе,
из Сократа луче јуришне премисе;

Певање деветнаесто / ПЛАН ГЛАВНОГ УПОКОЈИВАЧА

знам, тескобно је понекад теби у теби,
трбушна тмица
заноћи под чеоном кости, и тад Улица

је она мрља на крају тунела;
тесно је теби с братом својим испод шињела

ког скроји Она рука, што бѝ изаткан
у златној жици;
Гомила је твоја Источница, братство на улици

род је твој – жижљиви пасуљ у ринфузи
што празно шобоња калдрмом, док на узи

воде твоју глад мештри глобалне шатре,
Мидасови дувачи цревне трубе,
произвођачи анусне ватре

са светским патентом, што пале
кресове у твоме дому,
димне сигнале на завичајном брегу –
у дробу

спас је од пиромана – легура без идентитета
отиче у септичка мора, мирно, без патриотског
крета,

што Мештри штују врло, јер
план је Главног Упокојивача
смирити твоје уличарење
испод амонијског покривача;

кућа крај куће на истом друму,
планина праг,
„Србин је Србину највећи враг“;

кућа у кући, с братом брат,
зуби за кваку, рука за врат;

дом поред дома, између зјап
и епски хук;
Србин је Србину
граничар ил' вук;

дом у дому, колено прво
прст режи на уво, раздора мливо

мељу зубала са истим кореном,
црни се праг;
Србин је Србину кроз мушицу драг;

двориште у дворишту – старозаветни врт,
јабука имања љубљено дрво –
живот болестан насмрт;

огњиште крај огњишта –
оцило лаје на труд,
домаћин дува у ветар, народ луд;

огњиште у огњишту, угљен у угљену,
мртав плам,
седам прутева за братску ватру –
у који дан

изабрати, у који сат сећи, уз благослов који –
једног се прутића Мракило не боји!

кућа крај куће на истој џади,
траншеја праг,
Србин је Србину заметен траг

у снегу историје, леду заборава –
ко на друму спава – иње му је јава;

Певање двадесет и прво / БРАТ ТВОЈ, НЕСИТИ ШЕСТИЛО

Србин је Србину изгубљен траг,
сњежи комшија, засеверио сусед,
не види се праг

од братских падавина: мећава жлезда
вије из мрака колена, из трбушног рова,
можданог гнезда

у коме чучи твоја ласта, лирска кућаница;
шупље је стопи твојој испод небеске врбе,
кључаница

дома твојега разрока је: мајсторска рутина
дезоријентације – пукао укрштен шир,
не види се суштина

кућнога темена, врховне капе, стожера нутарњег;
гледање твоје у изгрев комшије, гимнастика
                                        јутарњег

додвора иноверном, паганског пиљења, чопорског
                                        збоpишта
стајала је лозу твоју погубног обреза,
у горња ловишта

ишли су твоји пупољци, а отац-корен
с пуж-кућом, с кофер-душом, стужен, сморен,

селица сирота пала у „прелест севера“;
стопе које иду унатрашке, у оба смера

не налазе пута Господњег – кушање у кружници
твој је патент – регистрован у суседовој судници

где седи брат твој Несити Шестило,
с чварком у десници, а машћу у левици,

ближа је њему кабаница комшијина од коже твоје;
ревници

отуђења, војници пизме, ревнују у труплу;
без Члена Главног, носиш круну дуплу

пораза општег, фекалног пада у пупчано гротло,
и сад, канда те нема – белеге си потро;

Певање двадесеш и друго / ИСПАРАВА
ТВОЈА ЗЕМАЉСКА МРЉА

тврдо је у земаљском кревету,
на небеском јастуку трусно;
погледај, Погорели, како је опет пусто

тамо у Долини Река, у тролисју божанских вода;
призор из Првог дана:
земља је угљени цртеж, кртичје пасиште,
гавранов гоблен, рана

на Творчевом ткиву, приправа другог Крста;
осврни се, Остављени; маслачак пустош веје,
ни прста

нема да повуче невере реску,
исто је сада као и пре – у Блеску

било све је: бежање прво и бежање ино –
просторни фантом;
између памук-векова, крвави тампон

на уши и очи, угрушак ћутње мeђ зубима;
остати или отићи – исто се сабире и одузима

у Књизи Пошљедњој; слово, једино, не посустаје;
животић твој, онај Јагањац, од пустаје до пустаје

брсти царско шибље; со куша из целатове руке;
жално је, Погорели, у Долини Река, ни хуке

тролисних божанских вода ничије не чују уши,
преко свега графитни прах је, силиконски покров,
суши

се твој ДНК, испарава земаљска твоја мрља:
Главни Упокојивач дланом о длан трља;

Певање двадесет и треће / САВА, ДРИНА И УНА

Сава, Дрина и Уна, водени божански тролист –
Цариницима у вољи;
суђена женска тројка
што нас је сачекала у дољи,

где разапесмо шаторе тела,
балкански Индијанци или Роми;
с душом у убрусу, у десну страну хроми;

весели богаљи с анђеоским крилцима
и штаком;
на брата се бацише труном,
а другом сваком

брвно подмећу под стопе
преко божанске воде;
у речном троуглу вечити земљомери,
Граничне сподобе

што пуне касарне и раке
и надувени плове низ матицу;
Аресу амброзија, статистичка плесан империје –
протеини за страшну кратицу –

мртву јавку у врби и чичку,
јагоди шумској и вреску;
Сава, Уна и Дрина, водена тробојка у блеску

живота који је прошао,
седра сећања на Крајпуташу:
зимзелени се Ускок, бршљâни Граничар,
јагорчи се Буник, зависибабио Погорелац;
флашу

потеже будући регрут у цокулама од змијског
свлака;
женик водене гује,
војак на туђој стражи; тлака

Граничне осмозе гуши;
невидљиви давитељ вреба из зрачне честице:
вешци и вештице играју у речном ромбу;
свеци и светице

колебу би да свију на твојој пешчаној стопи;
са северозапада лед и иње,
с истока и југа сеобнички тропи

шкропе уместо дажда;
кисне кроз мајчину постељицу,
куда побећи, Погорели – у сопствену клицу

кад би се бар могло – до полазне станице,
о бежи, бежи Речни човече, бежи са Границе!

Целина није твоја суђена суштина –
недоношче испод Творчеве кабанице;
делиш се на крупно, сабиреш на ситно,
вечито разломчиш; празне странице

твоје Вежбанке тешчају;
у тору нуле стисло
се стадо твоје малено; велико число

није на твоме рачуну; време када се даје
није на твојој стази; разбијено кц јаје

твоје ломљиво Цело: на земни жумањак,
белањак небески –
филозоф у петловој клици;
кô на грани ораха завичајног, висиш на Граници

између два царства; заточеник двоспратне
                                                       метафоре,
сањаш у симболима, дешава ти се буквално;
од нафоре

пређашњег дана квасају млечни зуби:
дете у Граничару, Јов у Погорелцу губи

гард сваки; поражеиник с трскиним жезлом;
бездомац у копији, вансеријски апатрид,
путник са лимфном жлездом

на челу: неконтролисано лучиш Целину; фисија
дрма твоје предузеће; мисија

Граничног злодуха дела у глиненом суду;
твоја литургија над Рекама, анахрона је,
залуду;

Певање двадесет и пето /
ПРЕЧАНСКА ЕЛЕГИЈА

како да изговорим
„*Хвала ти, Србијо лепа*“,
кад је моја љубав
према Теби слепа,

јер бејах и јесам Син Твој
што презре свет, и у колевци
испи твоје горке пилуле
док ми нису синуле

визије Твоје силе и снаге;
Твоје милостиве ширине
која се смањује кô звезда
у нападу имплозије,
и сад из близине

гледам Твоје утуљено језгро;
гориво Твоје *нове* греје ме надом;
како да изговорим оне речи,
опело над својим падом

у часу кад се молебан за Тебе
не чује од светске граје;
јесте да си ме остарелог учила ходати,
и понекад бројила залогаје,

ал’ мати си – знам каква је
Твоја брижна стреха;
до подне си била мајка,
по подне маћеха;

а ноћу, кад вештице играју коло у речном ромбу
(чујеш ли, како мљацкају крвавим непцем?!)
није те било – тајно си флертовала
са врховним вешцем;

али, праштам ти све Твоје излете,
прељубе ситне –
та женског си рода, крви нечисте; нитне

Твоје преваре опшивају ми сандале,
и куд год да кренем у своме пречанском кругу
видим камен у руци, читам поругу

на лицу; сви би да се баце на те,
да те пљуну,
сатру *„међ шљивама и бунама“;*
Твоју царску круну

натичу на свињско рило; рокће
земном зделом млада *Јозефина,*
клон прошлога клона; накот из нафталина

тутњи к Твоме Брду, у *„кућу без црепа“;*
па, како да кажем:
„Хвала ши, Србијо слепа“

што видела ниси што и слепац види:
децу Твоју гони прерушени Ирод;
свакој суштој гњиди

на зубу су Твоји Пречанићи –
на светској афиши црна овца;
зечеви за чеку сваког криволовца;

како да преболим
„Хвала ши, Србијо лепа“,
јер грозим се, Сведржна, разблудних синова Твојих
што их мржња слепа

45

гони да камење скупљају
по царском путу – плата од кумира,
спремни да се баце на те
зарад општег пира;

на Те, Матер своју, Жену у короти,
Удову на вечном судилишту;
фишкалима и пороти

парница на рате; Грешнице моја, пред зидом Ти си;
„камење је одвезано“, Слепица дична,
пест Барабина над главом Ти виси,
док Ти деца коју си рано одбила од сисе
с палцем у устима седе на раскршћу –
пацијенти с листе

светског душегупца; Ти си крива за то,
требала си знати
да су стране света на прсима Твојим –
та ваљда си мати!

Певање двадесет и шесто / ЗАХАРИЈА ОРФЕЛИН ПОНОВО ПЕЧАТИ „ПЛАЧ СЕРБИЈИ“

на горњем ревиру не престаје хаварија,
и ја, раб Божији, од Вуковара Захарија

који је у тучно саће твоје меморије нахрупио
кроз доњи дурбин виркам
„да ли је и сва твоја оружја
твој враг затупио“
кô мени што је;

„перо да ли је твојом сабљом заоштрио,
у крв га твоју умочио,
и злобом се о теби расписао“,
руком ти десницом твоје класје покосио,
кô мени што је;

допиру до мене наше жалнице,
земљицу обузела страдија;
и ја, сен Пречанска,
од Књиге Захарија

видим да је бризнуо из тебе
„Плач Сербији“
кô мени што је;
да тужиш, отровно, до небеса;
још један Јеремија од словеса

у лози нам погорелој
који се утешити неће;
ја грешни стихопојац Захарија,
муж од струка разних, палим доње свеће

и читам *Магазин Расцијански,*
златни спис расула;
римска ловка, унијатски вампир,
папска бȳла,

моје море земаљски весници,
не дају мени мира књишког
ни на Горњој Лествици;

од смокве Орфелина плод Божији –
грешни Захарија,
кроз уста твоја печатим
„Плач Сербији“;

Певање двадесет и седмо / ПСАЛМ СРПСКОГ ШТАМПАРА

јесмо се јесмо напечатали Књига,
словесно колено оловних подвига;

ћирилски ливци – Савин духовни рукосад:
Цетиње, Горажде, Карловци, Солун, Петроград...

мегдани нашег слова љубве,
перо кô штит од љуте судбе;

јесмо се јесмо напечатали Књига,
лирско колено епских подвига;

капали име по местима худим:
Венеција, Беч, Задар, Загреб, Трст, Будим...

лозици нашој пуштали клице:
житија, повеснице, зборници, русе песмарице...

Књига напечатали – јесмо се јесмо
раби Божији ил' штампари бесмо

што сузе и крв у олово лисмо:
праштали јесмо, заборавили нисмо;

јесмо се јесмо Књига напечатали,
љубили Белетру и љубљени били!

Певање двадесет и осмо / САВА МРКАЉ НЕКОМ ДАЛЕКОМ НЕЗНАНЦУ

опет је исто: ни рат ни мир је,
Сјеничак, Глина, худно Гомирје

не дају од себе *„азбукопротреса“* глас:
„јесмо л' без зла који час“;

опет су трговци, љута братија
ставили кантар насред куће; мантија

опет би остала мени;
потомци једоше грожђе што киси,
„учен јеси, ал' паметан ниси
што с' међ нас дошао“; коцка љута
пала ти је роду; посред пута

„анаконда, рис и лав,
лед и ватра, гром и вода“ на твој сплав;

ни живот ни смрт – опет је исто:
свет је казамат, за умне луђаја,
„јао! јао! пуста присто!“

исто је опет – стара дилема
колико гласова, колико писмена

треба за овај регистар бола:
бивша суза садашњом кола;

ни дан ни ноћ је – разделба мртва;
у Божијој милости, на стубу земном,
српска црква

хоће ли опстати – душина изба, кошница светлоси,
заклон од Унијата, штит од покрста,
со крепости;

ни будност ни сан је – волшебно стање;
виноград језика нашег, трудно имање

одолети хоће ли мразу са Мреже; клептоману –
„*гаду од разна рода*“; у једну стопу стану

„*кад нам ломе реч и веру*“; па како и с киме
сабрати пчеле у трусну трмку, пронети име

кроз ово што је ни мрак но зарно праскозорје;
Сјеничак, Глина, Банијско горје...

да се јавну макар кроз ћука глас:
„*јесмо л' без зла који час*“;

Певање двадесет и девето / ПЕСМА
АНОНИМНОГ МОНАХА ИЗ КРКЕ

од Крке до Лепавине подвизали,
мртве из живих подизали;

зидали на земљици и у ваздуху –
Господњим светилом кроз нигдину;
имали Драговић, Гомирје, Крупу, Комоговину...

и стизали одасвуд: Жича, Атос, Хиландар...
под мантијом тиховао светли свезнадар:

дијак и сликар, учитељ, песник...
у истом лицу; манастир наш био је весник

словесног пролећа; кресиво ижице, лествичник
наде; душин штит од покрста у нападу –
били смо покретни Исток на непокретном Западу;

православни иглу били на северу,
љута азбуковача цару Неверу;

били смо били, а сад је наш метох
гробни помник,
наричу црквишта, јече манастиришта, замукао
звоник;

од Крупе до Лепавине подвизали:
мртве у живе уписали;

Певање тридесето / СТИХОВИ НЕПОЗНАТОГ ГРАНИЧАРА СА ВОЈНЕ КРАЈИНЕ, КРСТ ОД ЛЕДА

Боже, још се чује она какофонична арија,
Земља је трула Ћесарија:

Управитељ, Покровитељ, Тутор, Посилни,
Намесник, Заштитник, Устројитељ, Жупан
                                    фосилни;

зинуле чељусти Граница – цариник се вајка,
плусквамперфектни цар столује из прикрајка;

невидљив, а гô је тај Суверен:
блудничи с Мајчицом твојом, својом верен;

искрастале се (По)Крајине на кенцер-Глобу –
прошли смо још једну непотребну пробу

самоуништења; звони алилуја, запева амин:
беласа се доњи гранични камен

на коме стрâже моји атоми,
преживели кличу неверном Томи;

одасвуд парлају змијски језици –
вавилонски каламбур,
само на твоја уста воштани мûр;

безгласни створ си, крст од леда;
десница још штије, Књига се не да;

Певање тридесет и прво / РТ ВЕРНЕ ЗЕМЉЕ, ОДА КЊИЗИ

селили се ил' бежали –
ђаво ће који то раздвојити,
нигде се нисмо могли напојити

мира Божијег; вазда нам
у видело труње сипали,
батргали по небесима, по земљи пипали

троножац кућни, бусолу димњака,
пупчани висак;
губили кад и налазили – шизофрен врисак

губитника прогутала Доља, испило Брдо,
терани на све четири стране Крста –
епско-лирско крдо

на аналфабетској мапи света,
без правца и семра;
јуродиви с истока, рахитична деца севера

на југу кроз манастирске олуке искапали,
на западу под снег маслачка запали;

и сад смо свугде и нигде, тамо и онамо – ни своја
                                                                    брига;
копнашће наше, Рт Верне Земље, Српска барка –
сад је Књига

где се још једино селити можемо –
тамо где станују азбучне хране;
листови либра – убрус Јединородног то је
за ове ране

талоге соли, сачму сребра са распућа;
слово је прозор – светлост са Тавор Горе,
а листак кућа

ван земног друма; склоњена од уљеза и танета;
Књига је Земља Обећана, наша Планета

виртуелна; саркофаг сенки, сећање на нас;
„прошлост више не траје дуго“; „ДАЈ НАМ
ДАНАС“

сад пева песник, наш тајни поштар
што кроз сметове логоса, слалом оштар

одашиље пошту нашу Ономе Који Одувек Јесте;
под Шљивом пророковом, у Књизи, под зелен-
-травицом –
где сте

сад Душе Утопљене, где вас је више –
Либар ил’ Земљица, ко вас пише?

Песма која је остала без свог суђеног певања / ЕПИТАФ ЗА НЕЗНАНОГ НЕКОГ

неко у чичку, зови, храни за вресак,
а мене нигде – ни речни песак –

неизброј оканаца Божијих – не љеска
одраз мој из оних божанских вода; без блеска

зрно је моје; неко на друму, неко крај друма
на крајпуташу; ал' мене нигде – пречанска чума

позобала је мој мрвичак –
азбуковаче љуту бобу –
прошао нисам потоњу пробу;

неко над Уном – о врату драгани врби,
неко у Дрини, Сави...
у рибљем царству; ал' мојој глави

белега нигде; неко у ћилибару севера,
под мразом маслачка,
само семенци мојој ни трага, трачка;

неко у молитви, клетви, причи, песми,
на зидном цртежу, витражу, фресци;

под каменом граничним незнан неко
осматра оцвалу домају, и Тамо Преко;

ал' мене нигде, на тачки никојој, црној коти;
очи моје – с којим сунцем зађоше, ко их попи;

неко у Слово, Листак, Либар,
ал' мене нигде, никад, нигдар...

БЕЛЕШКА О АУТОРУ

Анђелко Анушић, рођен је 1953. године у Градини код Велике Кладуше. До сада је објавио десет књига, шест песничких и четири прозне: *Човјек пјева на радном мјесту* (Београд, 1980.); *Предикатно стање* (Загреб, 1987.); *Међупад* (Подгорица, 1989.); *Зимзелен и олово* (Београд, 1992.); *Некрштени дани* (Београд, 1994.); *Штап од писмена* (Београд, 1996.); *Христ са Дрине*, проза (Бањалука–Београд, 1996.); *Приче са маргине*, проза (Нови Град–Бањалука–Београд, 1997.); *Одблесци*, проза (Бањалука, 1998.) и *Успомене из пакла*, проза (Бањалука–Београд, 1999.).

За књигу песама *Штап од писмена*, овенчан је наградом Бранковог кола – *Печатом вароши сремскокарловачке*, 1997. године, а 1999. године – наградом *Сарајевских дана поезије*. На свесрпском конкурсу „*Истина о Србима*" (Градишка, 1999. године) добитник је прве награде за прозу. Заступљен је у изборима, прегледима и антологијама српске поезије.

Живи и ради у Бањалуци.

Фотографија
РАСТКО ОСТОЈИЋ

САДРЖАЈ

Анђелко Анушић
КРСТ ОД ЛЕДА

*

Главни уредник
НОВИЦА ТАДИЋ

*

Рецензент
НИКОЛА ВУЈЧИЋ

*

Лектор
МИРОСЛАВА СТОЈКОВИЋ

*

Коректор
НАДА ГАЈИЋ

*

Технички уредник
ЂУРО ЦРНОМАРКОВИЋ

*

Издавач
ИП РАД
Београд, Дечанска 12

*

За издавача
СИМОН СИМОНОВИЋ

*

Припрема текста
Графички студио РАД

*

Штампа
СПРИНТ
Београд

CIP – Каталогизација у публикацији
Народна библиотека Србије, Београд

886.1-1

АНУШИЋ, Анђелко

    Крст од леда / Анђелко Анушић. – Београд :
Рад, 2000 (Београд : Спринт). – 64 стр. : слика ау-
тора ; 20 cm. – (Знакови поред пута)

Белешка о аутору: стр. 57.
ISBN 86-09-00713-8

ИД=86904076

www.ingramcontent.com/pod-product-compliance
Lightning Source LLC
La Vergne TN
LVHW021623080426
835510LV00019B/2732